かぎ針あみの冬ごもり

Ronique
［ロニーク］

文化出版局

Contents

- スパイラルミトン ... 05/34
- 6本線のベレー ... 06/36
- 三角屋根のミトン ... 07/38
- 立体パイナップルのショール ... 08/40
- トライアングルバッグ ... 09/42
- ジグザグ模様のカウル ... 10/46
- 2色キャップ ... 11/44
- アラン模様のベスト ... 12/47
- レースアップブーツ ... 13/50
- 松編みモチーフのひざ掛け ... 14/52
- とんがりソックス ... 15/54
- ラウンドキャップ ... 16/55
- 三角ショールマフラー ... 17/56
- ニッターズトート ... 18/58
- 牧羊犬のポーチ ... 19/60
- ざっくりかごバッグ ... 20/62
- 10段マフラー ... 21/64
- 普段着キャップ ... 22/61
- くつろぎポンチョ ... 23/66
- ハーフムーンショール ... 24/68
- 2色ソックス ... 25/70
- ビーズブローチ ... 26/70
- ねじりビーズネックレス ... 27/64
- バブーシュ風スリッパ ... 28/72
- ギンガムチェックの三角ストール ... 29/74

- 編み方ポイント ... 30
- この本で使用した糸 ... 33
- かぎ針編みの基礎 ... 76

Introduction

　だんだん日が短くなってくると、少し寂しい気持ちにもなるけど、秋は待ちわびていた季節。ひんやりとした朝を迎えるたびに、部屋の毛糸かごに目がいくようになって、ちょっと早めの編み物でもはじめてみようか、なんて。秋の気配はいつもこんな風。
お出かけの予定が来てしまう前に、まずは何を編んでおけばいい？　いちばんよく使うものから取りかかるべき？
迷って決められないときは、高く澄んだ空でも眺めつつ、毛糸屋さんに行ってみよう。編みたい糸が決まったら、はやる気持ちに背中を押されながら秋の編み物の始まり。長くなった夜がずっと続いてくれればいいのに。

　寒くて外出が面倒になってしまう日も、編みたての小物を試してみたい気持ちが外に連れ出してくれる。
北風を遮るように、心地よいショールに顔をうずめて、コートのポケットにひそめておいたミトンを引っ張り出す。こんな瞬間にも愛着が深まって、ますます冬の編み物が楽しくなってた。
部屋にこもって手を動かす時間も、編み上がった作品をまとう時間も、あたたかな毛糸と一緒にいられるのは寒さのおかげ。
この冬のお気に入りを、今度はあの人にも編んであげよう。
誰かのためにも、自分のためにも、冬ごもりはまだまだ続きそう。

スパイラルミトン
see page » 34

秋晴れの昼下がりには、頭を悩ませずに編んだ、
ひねりのあるミトンを連れてお散歩。
公園の歩道で落ち葉を舞い上げる、小さなつむじ風にも会えるかな。

6本線のベレー

see page » 30、36

丸いものって6等分がよく似合う？ ケーキもピザも6等分。
下手に切り分けたら不公平になるけど、
編み上がって6等分になるベレーは、丸くて収まりがいい。

三角屋根のミトン

see page » 38

昔、絵本の中に出てきたおうちの屋根は赤。
今でもいとおしい赤い三角屋根のおうちに住むまでは、
赤くてとんがったミトンで冬を楽しんでいよう。

立体パイナップルのショール

肌触りのよい糸とお気に入りの模様がそろえば、
長い道のりにも臨めそう。山も谷もあるからこそ、
走り切るとゴージャスな結果が出迎えてくれるはず。

see page » 31、40

トライアングルバッグ

see page » 42

小春日和にぴったりのバッグが必要、って思ったのは
凍えるような夜。ふんわりあたたかな糸で編んだから、
レーシーなバッグでも季節外れなんて言わないで。

ジグザグ模様のカウル

平坦なのもいいけど、
紆余曲折あったほうが表情豊かになれそう。
丸くなったって言われるけど、
右に向かい、左に向かいして、
ちょっとした奥行きが出てるでしょ。

see page » 46

2色キャップ

急に冷え込んでくると、いつもほしくなるのは帽子。
手早くて、あったかいのを編んでみよう。
無心になって手を動かしてしまうのは、
2色づかいがおもしろいせい。

see page » 30、44

アラン模様のベスト

ケーブル模様に込められた意味を調べてるうちに、
遠い海や、異国の人たちに思いをはせてた。
鏡写しのケーブル模様を編むには、
どんな願いを込めようか？

see page » 47

レースアップブーツ

see page » 50

秋が来るとブーツが恋しくなるのは、お部屋でも同じ。
足もとに忍び寄る、ひんやりとした空気のことを忘れられたから、
頭の中は次の編み物のことでいっぱい。

松編みモチーフのひざ掛け

大好きな映画を観ながら、
編みかけをひざにのせて手を動かしたブランケット。
何度も画面に目を奪われたけど、無事に完成したから、
編み物だってハッピーエンド。

see page » 52

とんがりソックス

好みがそっくりな友達にプレゼントするなら、こんなソックス。
せっかくだから、おそろいの三角屋根のミトンも一緒に渡そう。
実現する日が待ち遠しすぎる冬のプラン!

see page » 54

ラウンドキャップ

see page » 30、55

ふわふわの帽子は冬の特権。鉛色の空の下へでも、
ふらっと出て行きたくなる。ちょっとレトロな雰囲気と
優しい手触りに包まれて、今日はどこへ向かおうか。

三角ショールマフラー

やわらかなモヘアでずっと編んでいたいけど、
ターニングポイントを過ぎると、
完成が待ち遠しくなってくる。はおってみたら、
好みの角度は前？　それとも後ろ？
see page » 56

ニッターズトート

毎年、冬の編み物を楽しませてくれるウールに
感謝したくなるのはニッターの証かな。
愛着余って羊を編み込んだバッグの中には、
ニットアウトの準備が万端！
see page » 32、58

牧羊犬のポーチ

see page » 32、60

愛用している小道具は、遊び心で編んだポーチにイン。
外から見えない、ひと手間をかけた甲斐は充分？
毛糸に埋もれた世界で、小さな牧場主になった気分。

ざっくりかごバッグ

つるで編まれたかごを、冬の間だけぬいぐるみに変身させたい！
なんて思ってたら、こんなバッグが完成してた。
ぬくぬくしてて、冷たい空気にもなじんでる。

see page » 62

10段マフラー

マフラーは急いで編むものじゃない?
でも、寒さはそこまで来てる。
往復編みに根気が続かなそうなときは、
10周でゴールできるマフラーだったらどうかな。

see page » 64

普段着キャップ

see page » 30、61

"普通" がいちばん難しいって言うけど、ほんとう?
かぎ針で編む普通っぽい帽子だったら大丈夫。
さり気なくて、普段着に溶け込んでくれるから、使っても合格。

くつろぎポンチョ

大きなものって、編み方が大味な分、気持ちはのんびり。
いろんな考え事をしながらだって、ちゃんと進んでる。
お部屋時間にぴったりの着心地も想像どおり。

see page » 66

ハーフムーンショール

手を休めて窓から眺めた空には、
今日は遠くの山、昨日はきれいな月が見えたっけ。
だんだん大きくなってきたショールは、
次の半月までに完成するかな。

see page » 68

2色ソックス

グレイッシュブルーとカーキの「冬空のソックス」。
次は何色を組み合わせようか。一つずつ名前をつけたら、
消耗させたくないお気に入りになりそう。

see page » 70

ビーズブローチ

see page » 31、70

冷蔵庫のあり合せでおいしいご飯ができれば料理上手？
いつの間にかいっぱい集まってしまった手芸材料で
ブローチができちゃうのだって、ちょっといい気分。

ねじりビーズネックレス

なぁんだ、って言わせるようなひとひねりを考えてると、
いたずらっ子になった気分。複雑そうに見えるネックレスも、
かせ糸と同じつくりっていうのが種明かし。

see page » 31、64

バブーシュ風スリッパ

急なお客さんの分も、糸さえあればもう一足編んでしまえそう。
そのまま持って帰ってもらってもいいな、って考えてるときから、
サプライズ計画は始まってる。

see page » 72

ギンガムチェックの三角ストール

こう見えて、折り目正しいアシンメトリー。
ギンガムチェックのいく道は、編み地が横で、糸は縦。
気難し屋じゃないけど、落ち着いて向き合うことが大事。

see page » 74

編み方ポイント

page » 06/36

6本線のベレー

※未完成の中長編みの糸を引き出すとき、長めに引き出すとふっくらした玉編みが編めます。

変り中長編み3目の玉編み目

❶針に糸をかけて、前段の鎖編みをすくって長編みを編みます。

❷針に糸をかけて、❶の長編みの柱を束にすくいます。

❸針を入れたところ。糸をかけて引き出します。

❹未完成の中長編みが1目編めたところ。❷〜❹を3回繰り返します。

❺未完成の中長編みが3目編めたら、針に糸をかけて一度に引き抜きます。

❻変り中長編み3目の玉編みが編めました。

❼針に糸をかけて鎖編みを編みます。

❽鎖編みが編めました。記号図どおり編み進みます。

page » 11、16、22/44、55、61

キャップ

※写真では、わかりやすい色に変えて解説しています。

伸縮性のある作り目

❶鎖編みを2目編み、1目めの鎖半目と裏山に針を入れます。

❷糸をかけて引き出します。

❸糸をかけて矢印のように1ループから引き出します。

❹糸をかけて2ループを引き抜きます。

❺伸縮性のある作り目が1目編めました。

❻手前の半目と裏山(❷で引き出した目)に針を入れ、❷〜❺を繰り返します。

❼2目めが編めました。3目めは矢印のように、手前の半目と裏山に入れて編みます。

❽繰り返して必要目数を作ります。

❾最初の目の頭2本に針を入れ、糸をかけて引き抜きます。

❿伸縮性のある作り目を輪に編めました(これが1段めになります)。

立体パイナップルのショール

※写真では、わかりやすい色に変えて解説しています。

長編みの表引き上げ編みを7目編み入れる

❶針に糸をかけて、3目とばして4目めの長編みの柱を手前から矢印のようにすくいます。

❷針を入れたところ。糸をかけて引き出し、長編みを編みます。

❸長編みの表引き上げ編みが1目編めました。同じ目に長編みの表引き上げ編みを7目編みます。

❹7目編めたところ。3目とばして長編みの裏引き上げ編みを編みます。

※長編みの表引き上げ編み( )を裏を見て編むときは、長編みの裏引き上げ編み( )で編みます。

長編みの裏引き上げ編み

❶裏を見て編むときは、長編みの柱を向うから矢印のようにすくいます。

❷針を入れたところ。糸をかけて引き出し、長編みを編みます。

❸繰り返して、長編みの裏引き上げ編み(表から見ると表引き上げ編み)が7目編めました。

ビーズブローチ・ねじりビーズネックレス

※ビーズは糸に必要数通しておきます。

ビーズの通し方

❶ビーズ通しを使って、糸にビーズを必要数通します。

立上りの鎖編み(ビーズを2個編み込む)

❷輪の作り目をして、立上りの鎖編みを1目編み、ビーズを根もとに送ります。

❸針に糸をかけて引き抜きます。

❹❷❸を繰り返して、立上りの鎖3目が編めました。ビーズは向う側に出ます。

おすすめツール

ビーズ通し
(KAWAGUCHI)

長編み(ビーズを2個編み込む)

❺針に糸をかけて引き出し、ビーズを根もとに送り、糸をかけて矢印のように引き出します。

❻新しいビーズを根もとに送り、糸をかけて引き抜きます。

❼ビーズを2個編み込みながら、長編み1目が編めました。

❽ビーズが裏側に出るため、編み地の裏側を表にします。

page » 18、19/58、60

ニッターズトート・牧羊犬のポーチ

※1段めから最終段まで、編まない糸を編みくるみながら細編みを編みます。全体の厚みが均等になり、丈夫な仕上りになります。

■糸を編みくるむ方法（細編みを輪に編む場合）

❶作り目と立上りの鎖1目を編み、鎖半目と裏山に針を入れて引き出し、地糸(生成り)の上に配色糸(黒)をおきます。

❷針に糸をかけて引き抜き、細編みを編みます。配色糸を編みくるみながら、細編みが1目編めました。

❸1段めの終りは、最初の細編みの頭2本に針を入れ、糸をかけます。

❹引き抜きます。

❺1段めが編めました。針に糸をかけて、2段めの立上りの鎖を編みます。

❻配色糸を編みくるみながら、立上りの鎖1目が編めました。

❼2段め以降も、編まない糸を編みくるみながら細編みを編みます。

※配色糸で編むときに地糸と交差させてから引き抜くことで、編み目が締まります。

■細編みの編込み模様

配色　☒＝生成り　☒＝黒

❶地糸(生成り)で編むときは、配色糸(黒)を編みくるみながら、細編みを編みます。

❷配色糸で編むときは、配色する手前の目の最後で引き抜くときに、配色糸の上に地糸をのせて交差させます。

❸配色糸に替えて、針に糸をかけて引き抜きます。

❹引き抜いたところ。

❺地糸を編みくるみながら、配色糸で細編みを編みます。

❻配色糸の最後で引き抜くときは、地糸をそのまま針にかけて引き抜きます。

❼引き抜いたところ。記号図どおり編み進みます。

この本で使用した糸

（糸名、品質、単位、長さ、太さ、かぎ針の適合号数の順に表示しています）

イサガー アルパカ２
［ISAGER ALPACA２］

アルパカ50％、ウール50％
50gかせ　約250m　中細　3/0～5/0号

スキー毛糸
スキーUKブレンドメランジ

ウール100％（英国羊毛50％使用）
40g玉巻き　約70m　極太　7.5/0～9/0号

DARUMA
ウールロービング

ウール100％
50g玉巻き　約75m　極太　10/0号～7ミリ

DARUMA
ギーク

ウール56％、ポリエステル30％、アルパカ14％
30g玉巻き　約70m　極太　9/0～10/0号

DARUMA
空気をまぜて糸にしたウールアルパカ

ウール（メリノ）80％、アルパカ（ロイヤルベビーアルパカ）20％
30g玉巻き　約100m　合太　6/0～7/0号

DARUMA
シェットランドウール

ウール100％（シェットランドウール）
50g玉巻き　約136m　合太　6/0～7/0号

DARUMA
メリノスタイル 極太

ウール（メリノ）100％
40g玉巻き　約65m　極太　8/0～9/0号

DARUMA
メリノスタイル 並太

ウール（メリノ）100％
40g玉巻き　約88m　並太　6/0～7/0号

DARUMA
LOOP

ウール83％、アルパカ（ベビーアルパカ）17％
30g玉巻き　約43m　極太　7～8ミリ

DARUMA
＃0.5WOOL

ウール72％、ナイロン28％
80g玉巻き　約42m　超極太　10～12ミリ

パピー
ソフトドネガル

ウール100％
40g玉巻き　約75m　並太　8/0～9/0号

パピー
ブリティッシュエロイカ

ウール100％（英国羊毛50％以上使用）
50g玉巻き　約83m　極太　8/0～10/0号

パピー
ブリティッシュファイン

ウール100％
25g玉巻き　約116m　中細　3/0～5/0号

パピー
ユリカモヘヤ

モヘヤ86％（スーパーキッドモヘヤ100％使用）、
ウール8％（エクストラファインメリノ100％使用）、ナイロン6％
40g玉巻き　約102m　並太　9/0～10/0号

ハマナカ
アメリー

ウール70％（ニュージーランドメリノ使用）、アクリル30％
40g玉巻き　約110m　並太　5/0～6/0号

ハマナカ
オフコース！ビッグ

アクリル50％、ウール30％、アルパカ20％
50g玉巻き　約44m　超極太　8ミリ

ホルストガーン コースト
［Holst Garn COAST］

ウール（メリノラム）55％、綿45％
50g玉巻き　約350m　合細　2/0～3/0号

ホルストガーン スーパーソフト
［Holst Garn SUPERSOFT］

ウール100％
50g玉巻き　約287m　合細　2/0～3/0号

◎商品情報は、2018年9月現在のものです。
◎糸の太さと適合号数は目安としての表示です。
◎毛糸に関するお問合せは、80ページをごらんください。

スパイラルミトン

[糸] DARUMA シェットランドウール（50g玉巻き）
　　　　ベージュ（2）60g
[用具] 7/0号かぎ針
[ゲージ] 変り中長編み　19.5目12.5段が10cm四方
[サイズ] てのひら回り20cm、長さ23cm
[編み方] 糸は1本どりで編みます。

鎖編みの作り目をして、編み始めます。1段めの中長編みは鎖半目と裏山を拾って編みます。2段めは、中長編みを編みます。3段めから、変り中長編み（写真参照）で編みます。両端で増減しながら21段編み、編始めと編終りを外表に合わせて、編始め側を手前に見ながら、引抜きはぎで合わせます。親指穴は、作り目の半目を拾って引抜き編みで8目編み、続けて残りの5目を引抜きはぎにします。続けてカフを編みます。指定の目数を本体から拾って、細編みの筋編みで輪に編みます。指先側の端の目に糸を通して絞ります。親指は、本体から拾って輪に編み、最終段で図のように減らし、最終段の頭に糸を通して絞ります。
もう片方は左右対称に編みます。

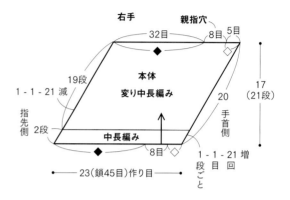

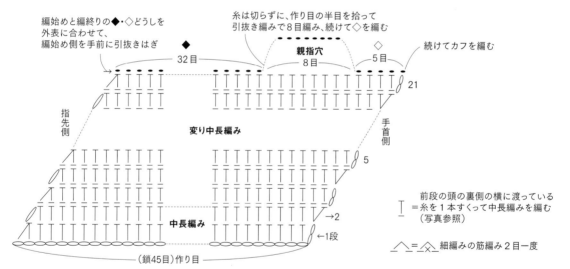

❶前段の中長編みの頭の裏側の下の横糸を1本すくいます。

❷糸をかけて、矢印のように引き出します。

❸糸をかけて矢印のように引き抜きます。

❹変り中長編みが編めました。

❺裏から見たところ。前段の中長編みの頭2本が筋になります。

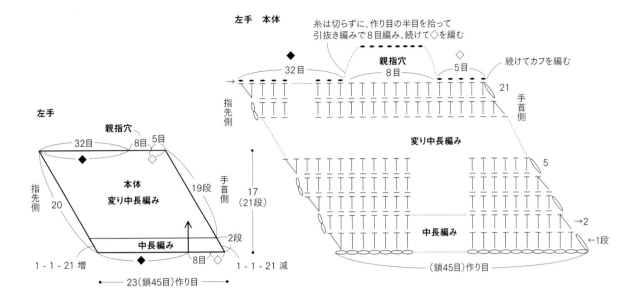

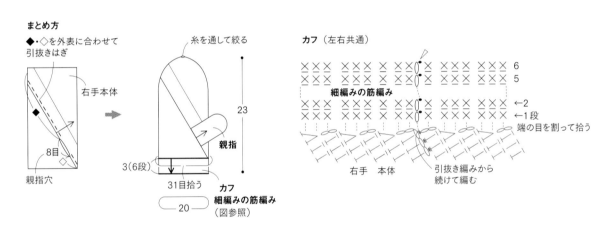

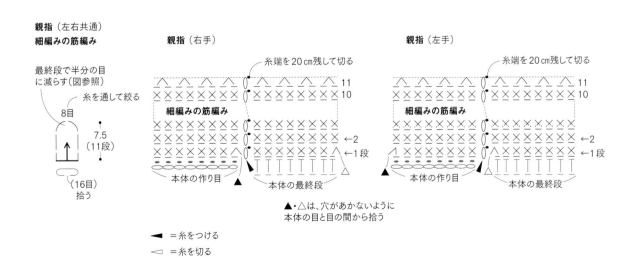

6本線のベレー

[糸] パピー ブリティッシュエロイカ(50g玉巻き)
　　　　ベージュ(143)88g
[用具] 8/0号かぎ針
[ゲージ] 模様編み　14.5目6段が10cm四方
[サイズ] 頭回り49cm、深さ20.5cm

[編み方] 糸は1本どりで編みます。
輪の作り目をしてトップから編み始めます。模様編み(p.30参照)で増減しながら編みます。続けて細編みで減らしながら編みます。ポンポンを作って、トップにつけます。

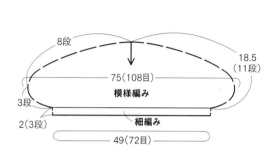

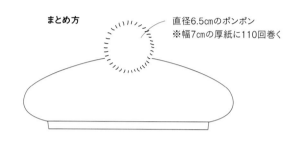

まとめ方

直径6.5cmのポンポン
※幅7cmの厚紙に110回巻く

ポンポンの作り方

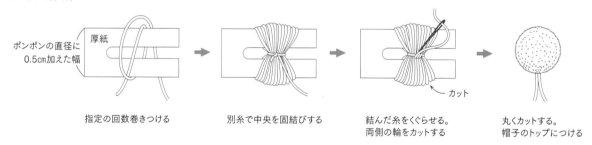

長編み2目一度

※中長編み、引上げ編みの場合も同じ要領で編みます。

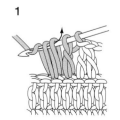

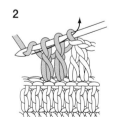

未完成の長編みを2目編み、針にかかっている3ループを一度に引き抜きます。
1目減ります

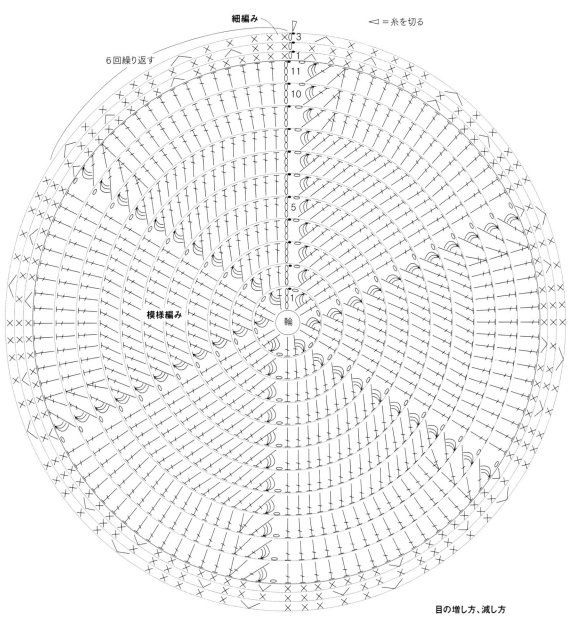

三角屋根のミトン

[糸] ハマナカ アメリー（40ｇ玉巻き）　ダークレッド（6）59ｇ
[用具] 7/0号かぎ針
[ゲージ] 細編みの筋編み　25.5目12.5段が10cm四方
[サイズ] てのひら回り18cm、長さ23.5cm
[編み方] 糸は1本どりで編みます。

鎖編みの作り目をして、手首側から編み始めます。鎖46目を編み、最初の目に引き抜いて輪にします。1段めの細編みは鎖半目と裏山を拾って編みます。2段めから、前段の頭の向う側の半目を拾う細編みの筋編みで編みます。親指穴は鎖7目編み、次段は1段めと同様に拾い、輪に16段編みます。右手は☆と★を外表に合わせて、続けて引抜きはぎをします。左手は糸をつけて、甲側を手前に見ながら引抜きはぎをします。親指は、拾い目をして輪に細編みの筋編みを編みます。指先は、図のように減らしながら編みます。糸端を30cmくらい残して切り、最終段の頭に糸を通して絞ります。
もう片方は左右対称に編みます。

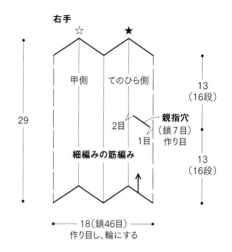

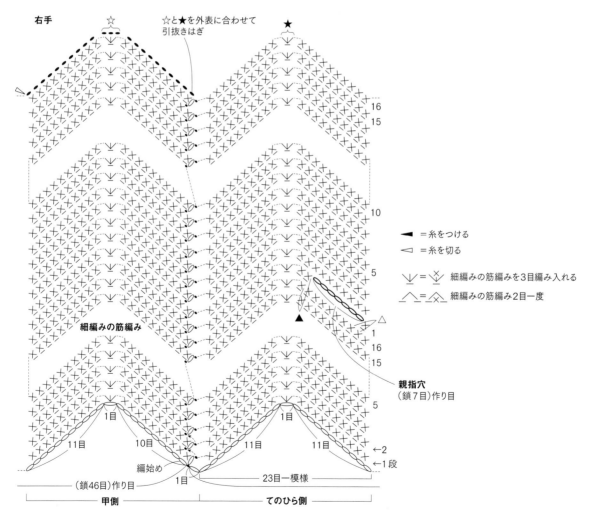

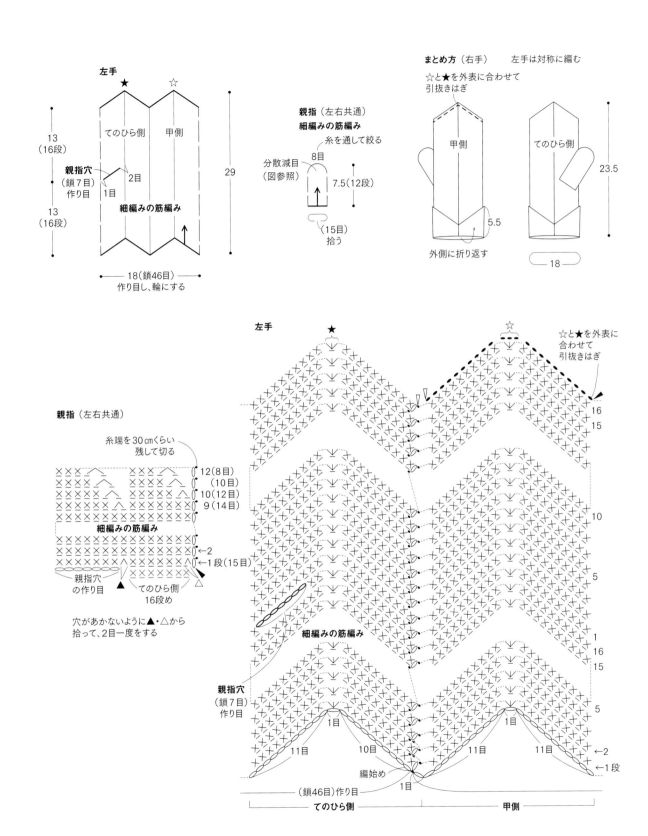

立体パイナップルのショール

page » 08

[糸]　イサガー アルパカ 2 [ISAGER ALPACA 2]（50 g かせ）
　　　　キャメル(E85) 213 g
[用具]　6/0号かぎ針
[ゲージ]　模様編み　27.5目13.5段が10cm四方
[サイズ]　幅24cm、長さ135cm
[編み方]　糸は1本どりで編みます。

鎖編みの作り目をして、中央から編み始めます。1段めは鎖半目と裏山を拾って編みます。模様編み(p.31参照)を91段編んだら、糸を切ります。作り目の指定の位置に糸をつけて、1段めの長編みの足を拾って反対側を図のように編みます。90段編んだら、続けて縁編みを編みます。段から拾う細編みは、端の2目を束(そく)に拾って編みます。角は図のように増しながら編みます。1周編み、最初の目に引き抜きます。

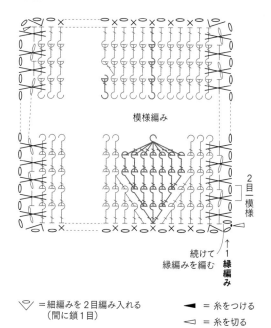

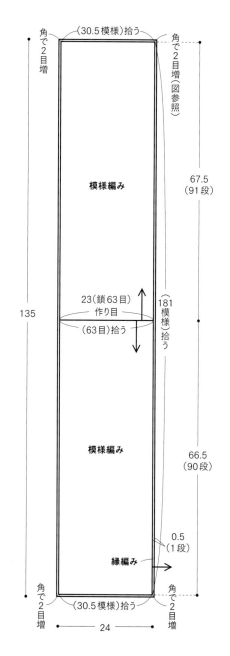

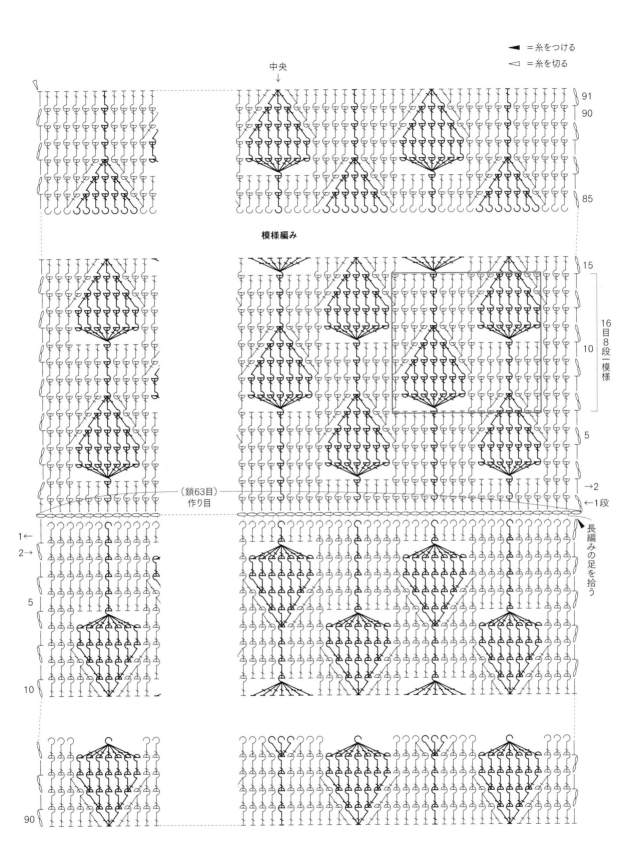

トライアングルバッグ

- [糸] DARUMA ギーク（30g 玉巻き）
  ブルー×クロームイエロー（2）89g
- [用具] 9/0号かぎ針
- [ゲージ] 模様編み　4模様（12目）が7.5cm、5段が10cm
- [サイズ] 幅26cm、深さ22.5cm

[編み方]　糸は1本どりで編みます。
鎖編みの作り目をして、底から編み始めます。1段めの長編みは鎖半目と裏山を拾って編み、反対側は鎖半目を拾います。続けて側面を模様編みで増減なく輪に編みます。編み地が斜行するため、立上り位置が脇にくるように9〜11段めの立上りの編み方を図のように調整します。続けて持ち手を減らしながら往復に編みます。指定の位置に糸をつけて、残りの持ち手を編みます。合い印どうしを合わせて、残しておいた糸で巻きかがりをします。

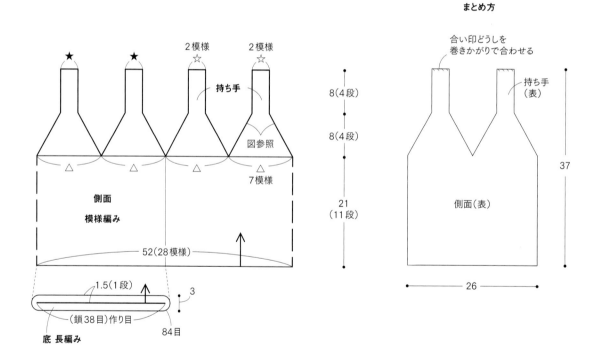

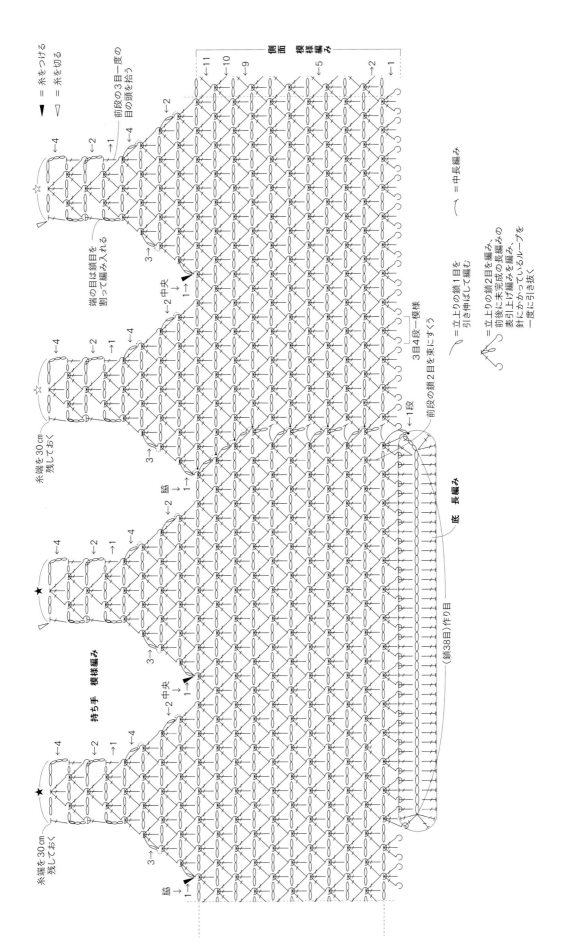

2色キャップ

- [糸] DARUMA メリノスタイル 並太(40ｇ玉巻き)
  ブルー(14)82ｇ、生成り(1)43ｇ
- [用具] 7/0号かぎ針
- [ゲージ] 模様編み(縞) 17目21段が10cm四方
- [サイズ] 頭回り50cm、深さ20cm

[編み方] 糸は1本どりで、指定の配色で編みます。
伸縮性のある作り目(p.30参照)で作り目をし、最初の目に引き抜いて輪にします(ここでは作り目を段数に数えません)。模様編み(縞)で増減なく36段編みます。トップは図のように減らしながら編み、糸端を30cmくらい残して切ります。最終段の頭に糸を通して絞ります。模様編みは本体を裏返して、編み地の裏側を見ながら輪に編みます。ポンポン(p.36参照)を作って、トップにつけます。

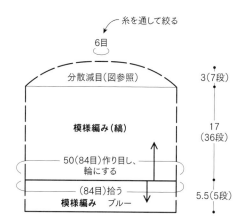

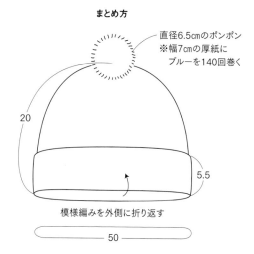

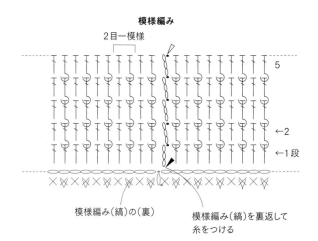

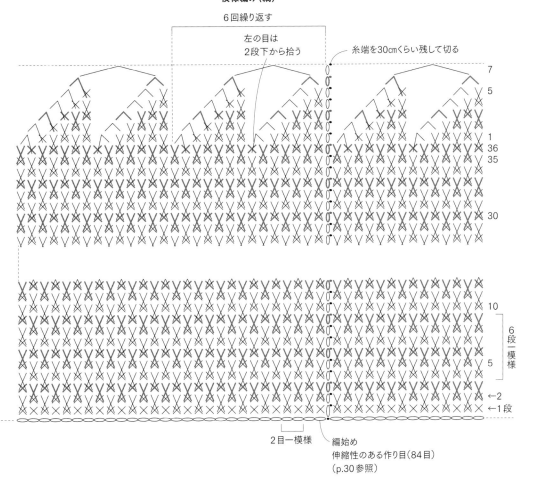

page » 10

ジグザグ模様のカウル

[糸] DARUMA 空気をまぜて糸にしたウールアルパカ
（30ｇ玉巻き） ブルーグリーン（５）70ｇ
[用具] 7/0号かぎ針
[ゲージ] 模様編み 19目11.5段が10cm四方
[サイズ] 首回り63cm、長さ21cm

[編み方] 糸は１本どりで編みます。
鎖編みの作り目をし、最初の目に引き抜いて輪にします。模様編みで輪に24段編みます。

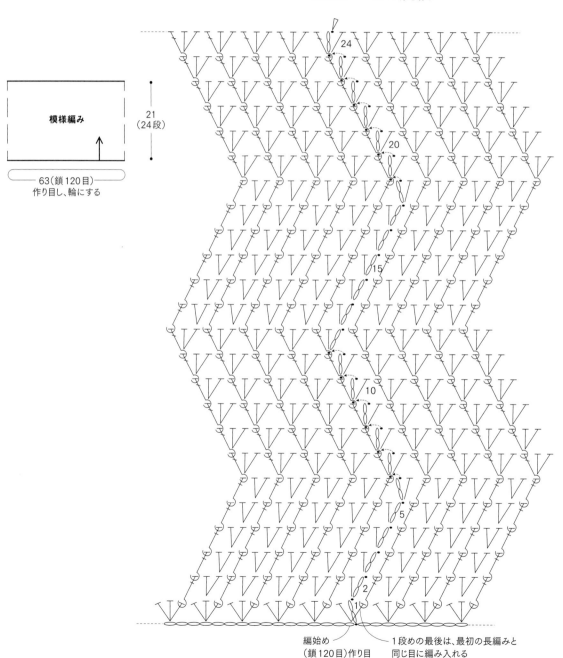

page » 12

アラン模様のベスト

[糸] DARUMA シェットランドウール（50ｇ玉巻き）
　　　ベージュ（2）210ｇ
[用具] 7/0号かぎ針
[ゲージ] 模様編みA　20目11段が10㎝四方
　　　　　模様編みB　31目が16㎝、11段が10㎝
[サイズ] 胸囲87.5㎝、背肩幅30㎝、着丈49㎝

[編み方] 糸は1本どりで編みます。
鎖編みの作り目をして、裾から編み始めます。1段目は鎖半目と裏山を拾って編みます。後ろは模様編みAで、図のように脇と袖ぐりで増減しながら編みます。前は中央に模様編みBを配置して編みます。編終りの糸端は、30㎝くらい残します。前後を中表にして、肩の合い印どうしを巻きかがりで合わせます。ひもをスレッドコード（p.64参照）で4本編み、袖ぐりの指定位置にとじつけます。

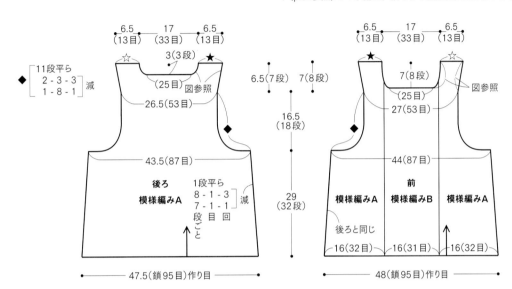

長編みと長々編み表引上げ編み2目一度

❶未完成の長編みを1目編み、針に糸を2回かけて、前々段の長編みの柱をすくいます。

❷針を入れたところ。糸をかけて引き出し、未完成の長々編みを編みます。

❸針に糸をかけて、3ループを一度に引き抜きます。

❹長編みと長々編み表引上げ編み2目一度が編めました。

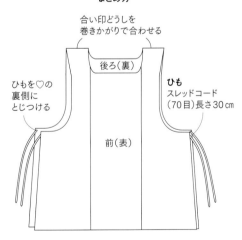

次ページへ続く

47

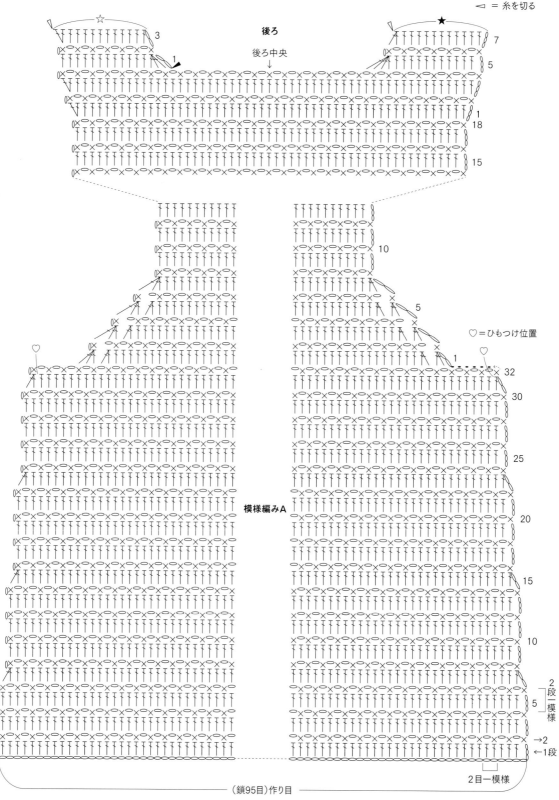

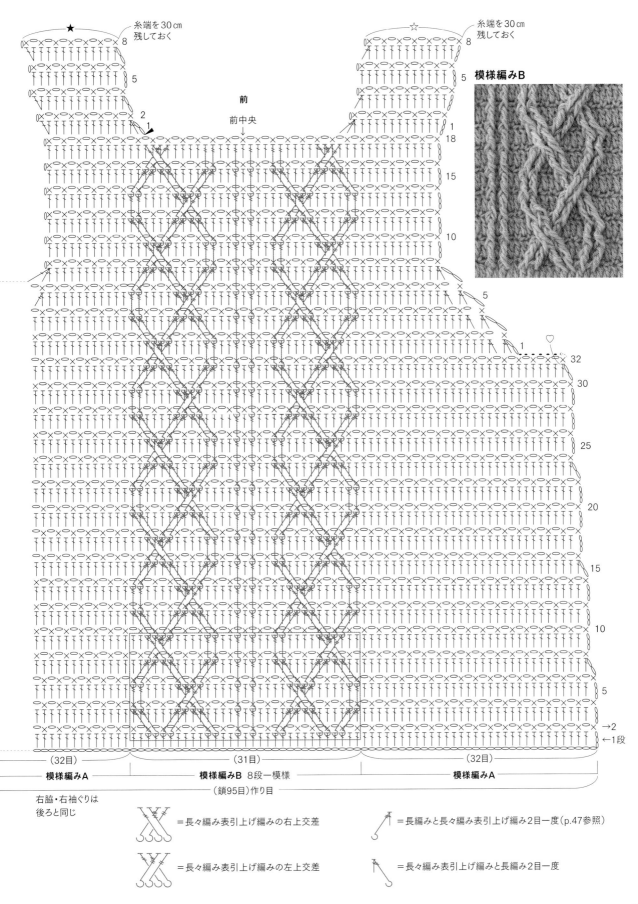

page » 13

レースアップブーツ

- [糸] ハマナカ オフコース！ビッグ(50ｇ玉巻き)
  ごげ茶(106) 230ｇ
- [用具] 10/0号かぎ針
- [その他] 直径2㎜のワックスコード(茶色)1ｍを2本
- [ゲージ] 細編み 12目11段が10㎝四方
- [サイズ] 幅11㎝、底丈25㎝、高さ15.5㎝

[編み方] 糸は1本どりで編みます。

鎖編みの作り目をして、底から編み始めます。1段めは鎖半目と裏山を拾って細編みを編みます。反対側は鎖半目を拾います。図のように増しながら模様編みで編みます。続けて側面を細編みで増減なく5段編み、糸を切ります。足首は、底と同様に編み始め、角で増しながら編みます。鎖編みから拾う細編みは、束(そく)に拾って編みます。甲は、底と同様に編み始め、図のように増しながら編みます。側面と甲を、外表に合わせて引抜きはぎで合わせますが、始めと終りの2目は側面の内側半目をすくいます。側面と足首を外表に合わせて、外側半目をすくって、引抜きはぎで合わせます。コードを足首の指定の位置に通します。
同じものを2枚編みます。

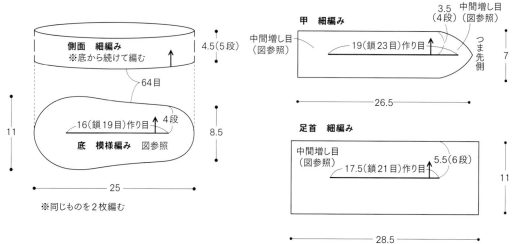

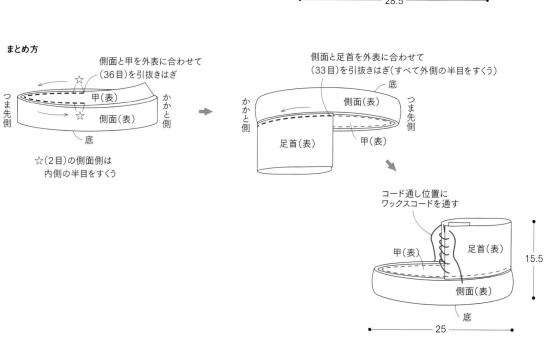

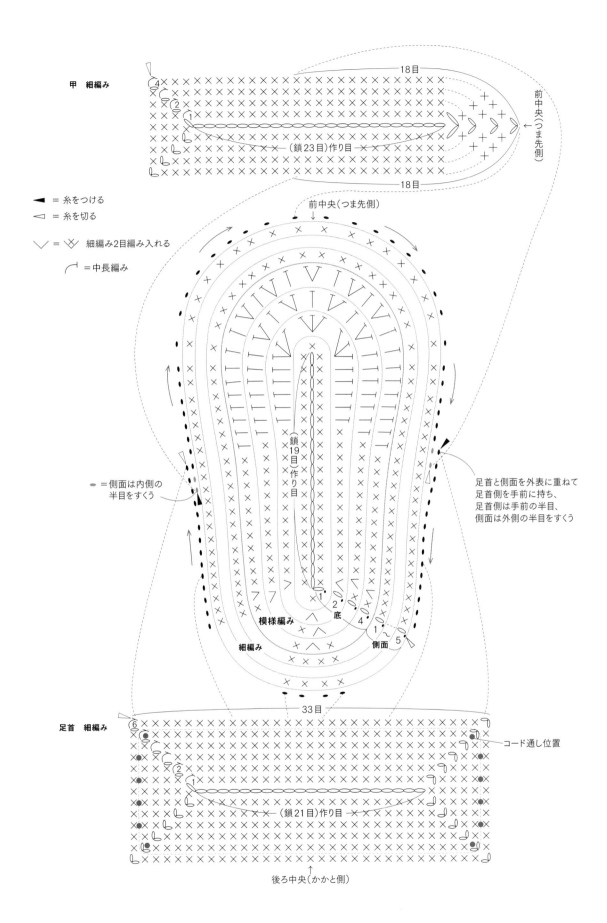

松編みモチーフのひざ掛け

[糸]　DARUMA シェットランドウール(50ｇ玉巻き)
　　　　ベージュ(２)403ｇ
[用具]　7/0号かぎ針
[ゲージ]　模様編み　2模様が7.5cm、10.5段が10cm
[サイズ]　83×83cm
[編み方]　糸は1本どりで編みます。
輪の作り目をして、中央から編み始めます。図のように角で増しながら模様編みを編みます。鎖編みから拾う長編みは、束(そく)に拾って編みます。四つ角にタッセルをつけます。

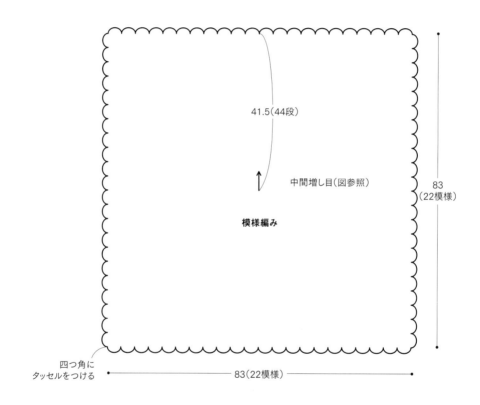

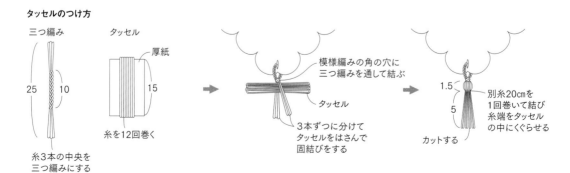

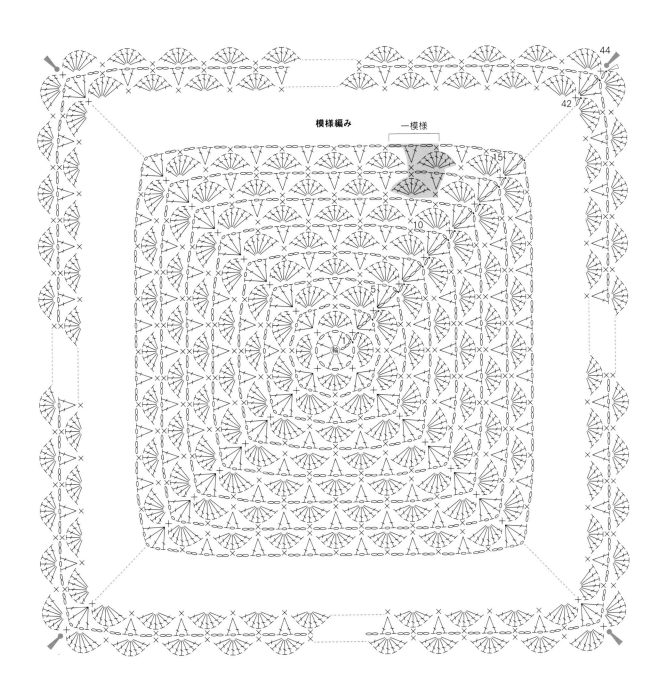

タッセルつけ位置

とんがりソックス

[糸] ハマナカ アメリー（40ｇ玉巻き） ピーチピンク（28）79ｇ
[用具] 7/0号かぎ針
[ゲージ] 細編みの筋編み 24目12段が10cm四方
[サイズ] 底丈20.5cm、足首回り21cm、長さ11cm
[編み方] 糸は1本どりで編みます。

鎖編みの作り目をして、つま先側から編み始めます。鎖50目を編み、最初の目に引き抜いて輪にします。1段めの細編みは鎖半目と裏山を拾って編みます。2段めから、前段の頭の向う側の半目を拾う細編みの筋編みで編みます。20段増減なく編みます。かかとは、図のように増減しながら編みます。続けて足首を増減なく編みます。つま先の★と☆を外表に合わせて、内側の半目ずつをすくって引抜きはぎをします。
同じものを2枚編みます。

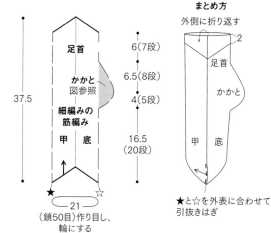

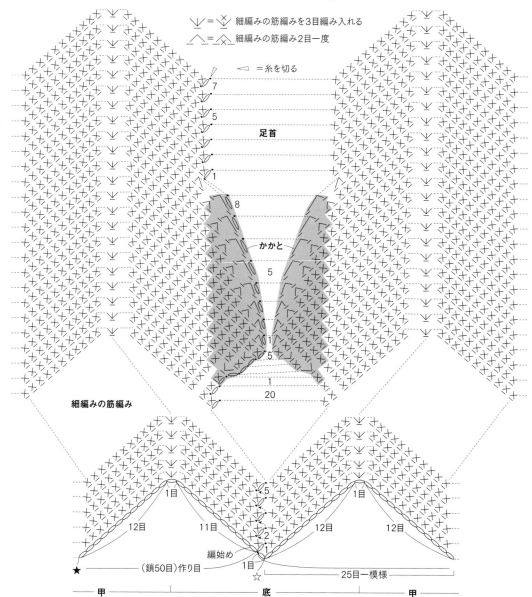

page » 16

ラウンドキャップ

[糸] DARUMA LOOP(30ｇ玉巻き) グレー(5)40ｇ、
　　　メリノスタイル 極太(40ｇ玉巻き) グレー(315)15ｇ
[用具] 9/0号かぎ針
[ゲージ] 模様編み 12目6段が10cm四方
[サイズ] 頭回り57cm、深さ21cm

[編み方] 糸は1本どりで編みます。
メリノスタイル極太で、伸縮性のある作り目(p.30参照)で作り目をし、最初の目に引き抜いて輪にします。細編みの筋編みで増減なく4段編みます。ループに替えて、1段めで減らしながら模様編みで編みます。トップは図のように減らしながら編みます。糸端を30cmくらい残して切り、最終段の頭に糸を通して絞ります。

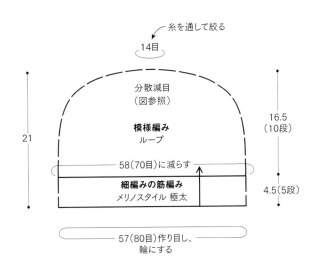

トップの減し方

	段数	目数	減し方
模様編み	10	14	－14目
	9	28	－14目
	8	42	－14目
	7	56	－14目
	2〜6	70	±0目
	1	70	－10目
細編みの筋編み	2〜5	80	

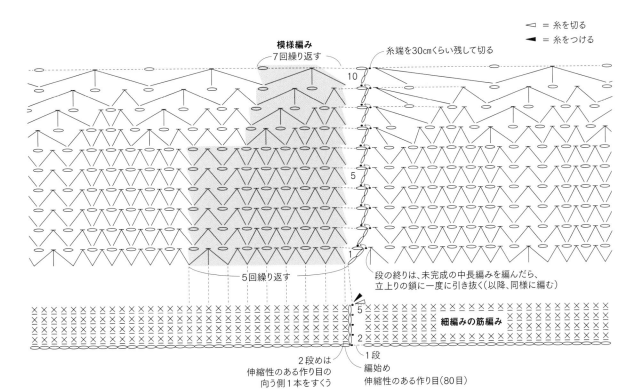

page » 17

三角ショールマフラー

[糸] パピー ユリカモヘヤ(40ｇ玉巻き)　ピンク(302)160ｇ
[用具] 8/0号かぎ針
[ゲージ] 模様編み　14目8.5段が10cm四方
[サイズ] 幅24cm、長さ176cm
[編み方] 糸は1本どりで編みます。
鎖編みの作り目をして編み始めます。1段めは鎖半目と裏山を拾って編みます。両端の目で増減しながら、記号図どおりに編みます。

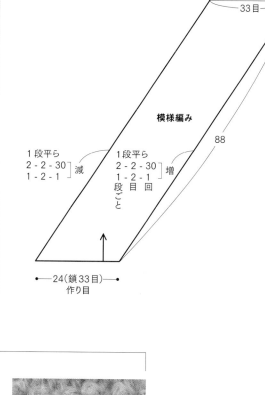

※写真では、わかりやすい糸に変えて解説しています。

❶前段の目に矢印のように針を入れ、針に糸をかけて引き出します。

❷針に糸をかけて、針先で鎖編みを編みます。

❸鎖編みが1目編めました。❷を繰り返して鎖を3目編みます。

❹矢印のように引き抜きます。

❺引き抜いたところ。鎖編みは編み地の向う側に出ます。★は次段の長編みで拾う位置。

❻編み地の表側から見たところ。

模様編み　　　◁ = 糸を切る

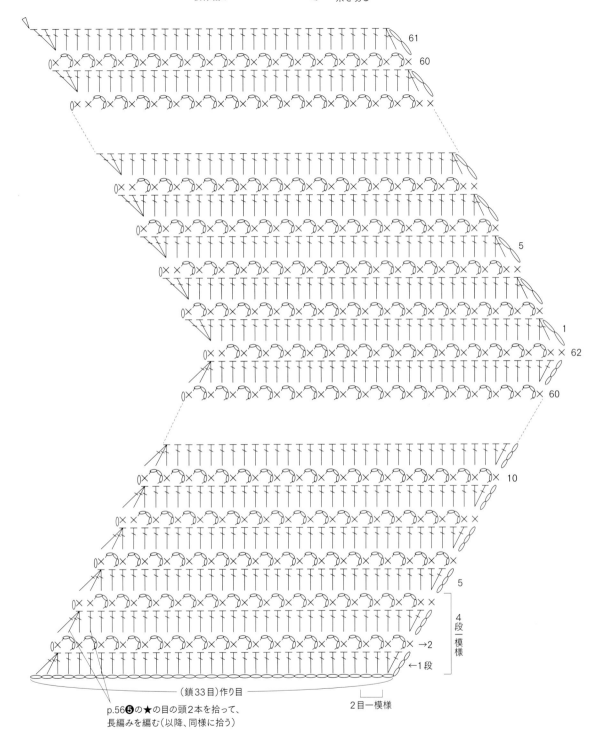

（鎖33目）作り目

p.56❺の★の目の頭2本を拾って、長編みを編む（以降、同様に拾う）

= 前段の長編みの頭をすくい、糸をかけて引き出したら、針先で鎖3目を編み、引き抜く（写真参照）

page » 18

ニッターズトート

[糸]　スキー毛糸 スキーUKブレンドメランジ（40g玉巻き）
　　　　生成り（8001）120g、黒（8025）30g
[用具]　8/0号かぎ針
[その他]　直径0.5cmの綿ロープ30cmを2本
[ゲージ]　細編みの編込み模様　15.5目15.5段が10cm四方
[サイズ]　幅30cm、深さ20cm

[編み方]　糸は1本どりで、指定の配色で編みます。
鎖編みの作り目をして、底から編み始めます。1段めから配色糸（黒）を編みくるみます（p.32参照）。1段めの細編みは、鎖半目と裏山を拾って編み、反対側は鎖半目を拾います。角で増しながら編みます。続けて側面を細編みの編込み模様で増減なく編みます。持ち手は鎖5目を編んで輪にし、立上りをつけずにぐるぐる編みます。持ち手の中に、綿ロープを通して両端を縫いとめます（持ち手の伸び防止）。側面の裏側に持ち手を当て、側面でくるむように、とじつけます。

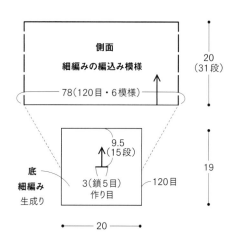

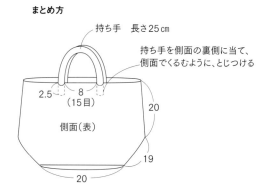

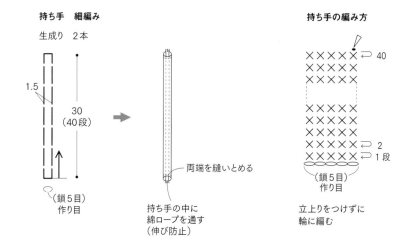

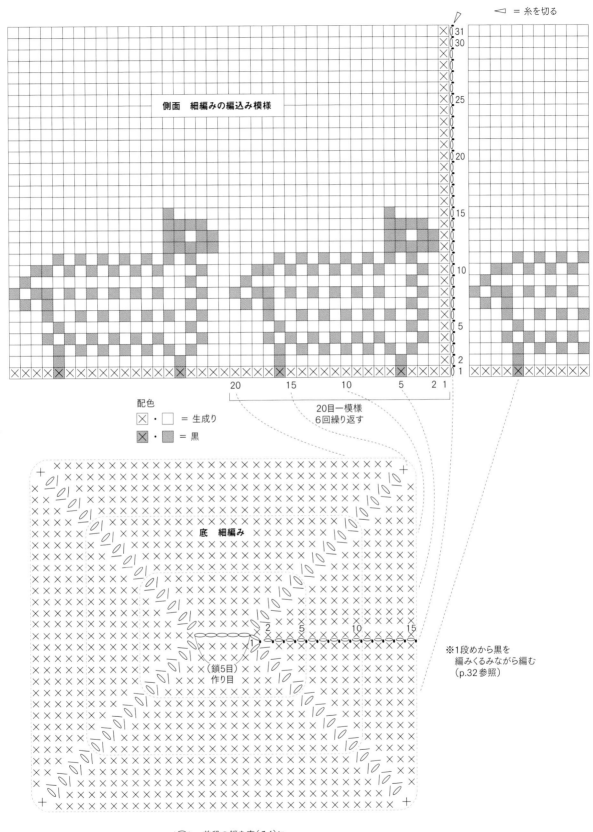

牧羊犬のポーチ

page » 19

[糸] スキー毛糸 スキーUKブレンドメランジ(40ｇ玉巻き)
生成り(8001)31ｇ、黒(8025)13ｇ
[用具] 8/0号かぎ針
[その他] 長さ14cmのファスナー(オフホワイト)を1本
[ゲージ] 細編みの編込み模様　15.5目15.5段が10cm四方
[サイズ] 幅16cm、深さ13.5cm

[編み方]　糸は1本どりで、指定の配色で編みます。
鎖編みの作り目をして編み始めます。1段めから配色糸(黒)を編みくるみます(p.32参照)。1段めの細編みは、鎖半目と裏山を拾って編み、反対側は鎖半目を拾います。細編みの編込み模様で、輪に編みます。入れ口にファスナーを縫いつけます。三つ編みにしたひもを、ファスナーの引き手の穴に通して結びます。タッセルの糸は、ひもの中をくぐらせながら厚紙に巻きます。ひもの結び目が見えなくなるように仕上げをします。

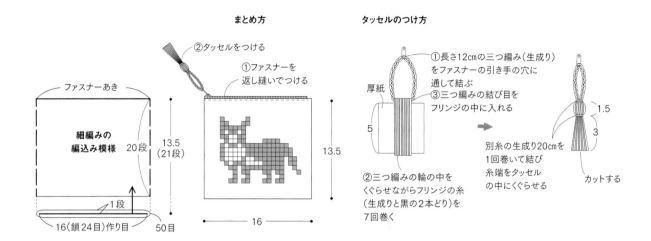

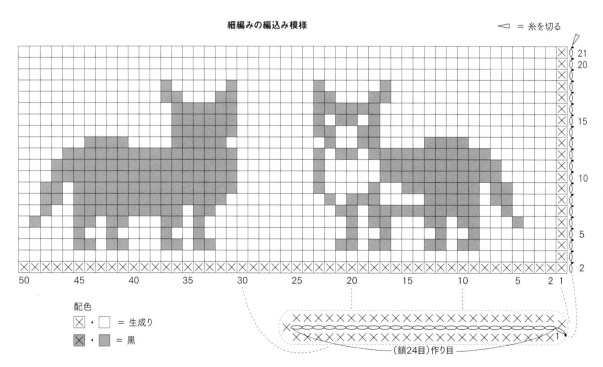

※1段めから黒を編みくるみながら編む(p.32参照)

普段着キャップ

[糸] パピー ソフトドネガル(40g玉巻き)
　　　　ライトグレー(5229)92g
[用具] 7/0号かぎ針
[ゲージ] 模様編みA　14.5目7.5段が10cm四方
　　　　　模様編みB　14.5目が10cm、4段が6cm
[サイズ] 頭回り50cm、深さ20cm

[編み方] 糸は1本どりで編みます。
伸縮性のある作り目(p.30参照)で作り目をし、最初の目に引き抜いて輪にします(ここでは作り目は段数に数えません)。模様編みAで増減なく9段編みます。トップは図のように減らしながら編み、糸端を30cmくらい残して切り、最終段の頭に糸を通して絞ります。模様編みBは模様編みAを裏返して、編み地の裏側を見ながら拾い目をして、輪に編みます。ポンポン(p.36参照)を作って、トップにつけます。

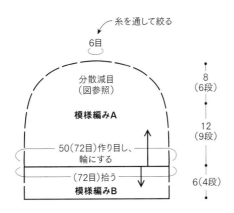

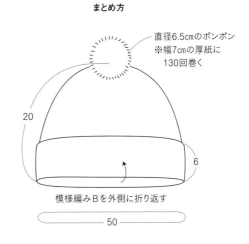
まとめ方

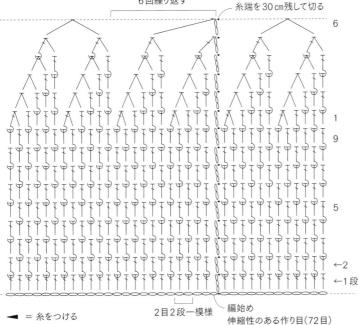
模様編みA

トップの減し方

段数	目数	減し目
6	6	－6目
5	12	－12目
4	24	－12目
3	36	－12目
2	48	－12目
1	60	－12目

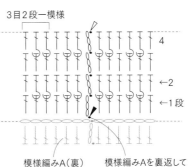
模様編みB

◂ = 糸をつける
◁ = 糸を切る

page » 20

ざっくりかごバッグ

[糸]　DARUMA ＃0.5 WOOL（80ｇ玉巻き）
　　　　マホガニー（3）288ｇ
[用具]　10ミリかぎ針
[ゲージ]　模様編みA　1模様が4.5cm、3.5段が10cm
　　　　　模様編みB　6目が11cm、6段が8cm
[サイズ]　底の直径20cm、深さ23cm

[編み方]　糸は1本どりで編みます。
輪の作り目をして、底から編み始めます。細編みで増しながら編みます。続けて側面を模様編みAで増減なく編みます。持ち手は鎖編みの作り目で編み始めますが、糸端から約30cmのところに最初の目を作ります。模様編みBで、図のように増減しながら編み、編終りの糸端を30cm残しておきます。持ち手を側面の裏側に、残しておいた糸でとじつけます。

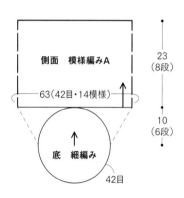
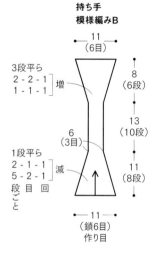

※写真では、わかりやすい糸で解説しています。

模様編みA

❶前段の目の頭をすくい、中長編みを2目編みます。

❷針に糸をかけて、中長編み2目の柱を束（そく）にすくい、糸をかけて引き出します。

❸引き出したところ。❷を繰り返して、未完成の中長編みを2目編みます。

❹未完成の中長編み2目が編めたところ。

❺針に糸をかけて、前段の次の目をすくい、未完成の中長編みを編みます。

❻針に糸をかけて、針にかかっているすべてのループを一度に引き抜きます。

❼模様編みAが1模様編めました。

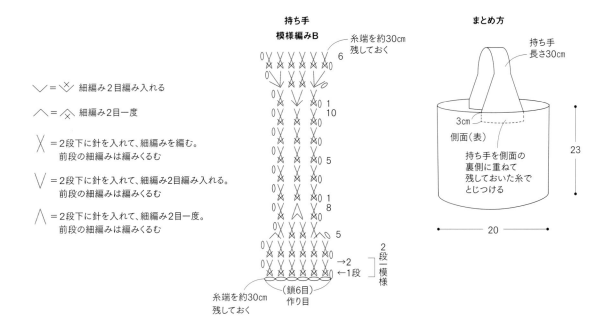

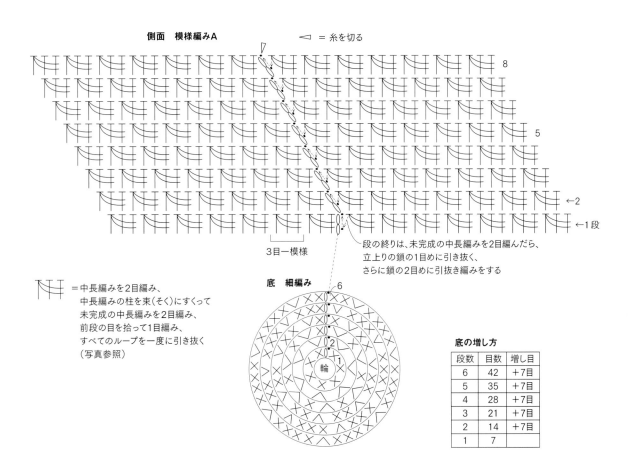

底の増し方

段数	目数	増し目
6	42	＋7目
5	35	＋7目
4	28	＋7目
3	21	＋7目
2	14	＋7目
1	7	

page » 27

ねじりビーズネックレス

- [糸] パピー ブリティッシュファイン（25ｇ玉巻き）
  ブルー（062）6ｇ
- [用具] 5/0号かぎ針、ビーズ通し（KAWAGUCHI）
- [その他] TOHO 丸大ビーズ シルバー（B-21F）300個
- [ゲージ] 模様編み 24目が10cm、1段が1cm
- [サイズ] 図参照
- [編み方] 糸は１本どりで編みます。
  ビーズ編みのポイントはp.31にあります。
  ビーズは糸に必要数通しておきます。鎖編みの作り目をして編み始めます。ビーズを編み込む位置で、1個ずつ引き寄せて編みます。長編みは、鎖半目と裏山を拾って編みます。編み上がったらねじって二つ折りにします。ねじると自然にくるくるとからみます。両端にスレッドコードのひもをとじつけます。

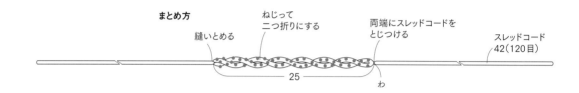

スレッドコード

❶糸端を編みたい長さの約3倍残し、鎖編みの作り目（p.76参照）を編みます。糸端をかぎ針の手前から向う側にかけます。

❷針先に糸をかけて糸端も一緒に引き抜きます（鎖編み）。

❸1目編めました。次の目も糸端を手前から向う側にかけて一緒に引き抜いて鎖編みを編みます。繰り返して編み、編終りは鎖目を引き抜きます。

page » 21

10段マフラー

- [糸] ホルストガーン スーパーソフト［Holst Garn SUPERSOFT］
  （50ｇ玉巻き） 赤（Bokhara）84ｇ
- [用具] 5/0号かぎ針
- [ゲージ] 模様編み 1模様が2cm、10段が8.5cm
- [サイズ] 幅17cm、長さ147cm

[編み方] 糸は１本どりで編みます。
鎖編みの作り目をして編み始めます。1段めは鎖半目と裏山を拾って長々編み2目の玉編みを編みます。繰り返して65模様編んだら、図のように折り返して、引抜き編みをしながら戻ります。2段めから、4か所で図のように増しながら輪に10段編みます。

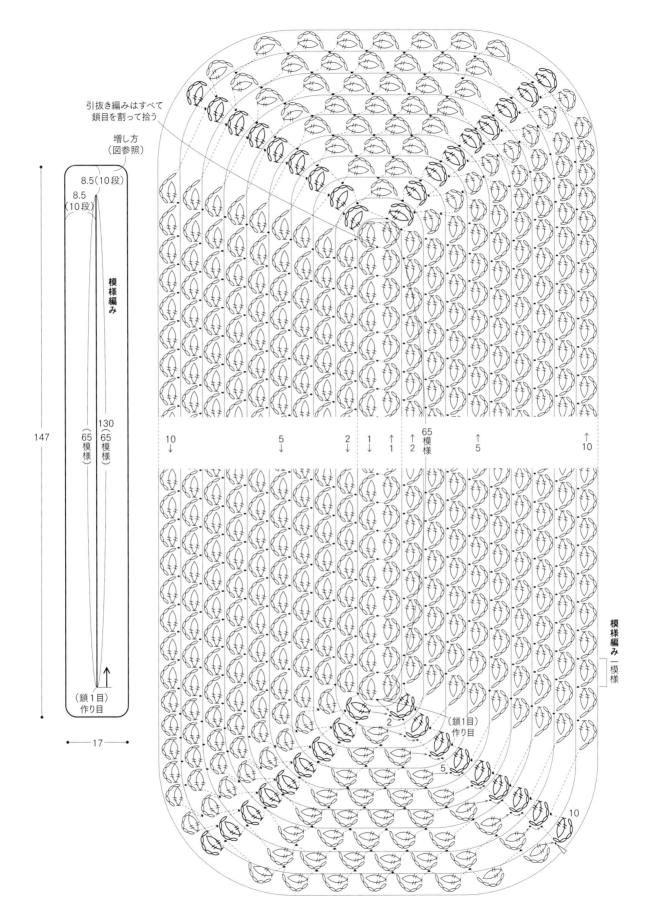

page » 23

くつろぎポンチョ

- [糸] DARUMA シェットランドウール(50ｇ玉巻き)
  こげ茶（3）495ｇ、ベージュ（2）27ｇ
- [用具] 7/0号かぎ針
- [ゲージ] 模様編み　19.5目12段が10cm四方
- [サイズ] 幅107cm、着丈46cm

[編み方]　糸は1本どりで、指定の配色で編みます。鎖編みの作り目を輪にして編み始めます。角で増しながら模様編み（縞）で12段編みます。糸は切らずに裏で渡します。鎖編みから拾う長編みは、束（そく）に拾って編みます。同じ編み方でこげ茶で模様編みを編みます。続けて縁編みを2段編みます。作り目の指定位置に糸をつけて、細編みを1段編みます。

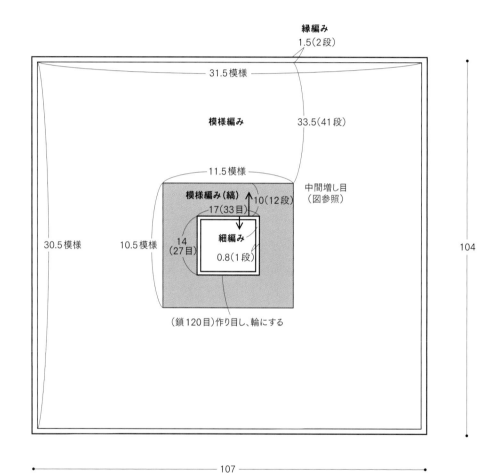

指定以外はこげ茶で編む

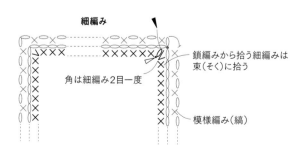

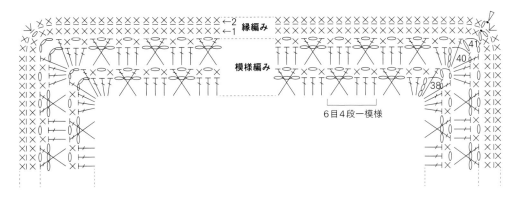

模様編み（縞）

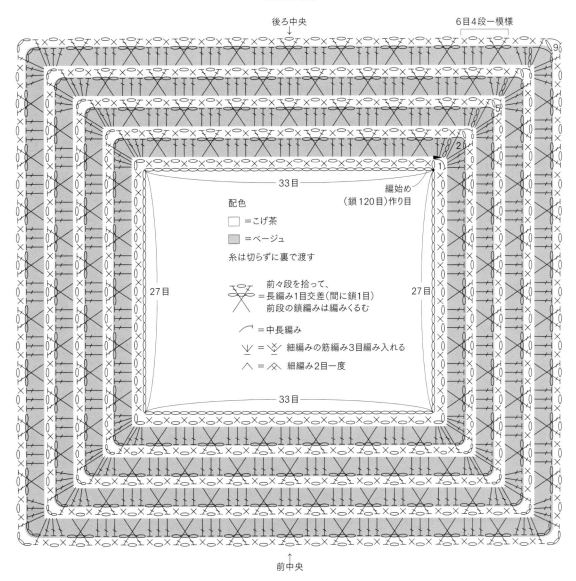

ハーフムーンショール

[糸] DARUMA 空気をまぜて糸にしたウールアルパカ
（30ｇ玉巻き） オリーブ（4）265ｇ
[用具] 7/0号かぎ針
[ゲージ] 長編み 19目12.5段が10cm四方
[サイズ] 幅124cm、丈60cm

[編み方] 糸は1本どりで編みます。
鎖編みの作り目をして編み始めます。模様編みAを4段編み、続けて模様編みBと長編みで図のように増しながら66段編みます。続けて模様編みBを1段、縁編みを2段編みます。

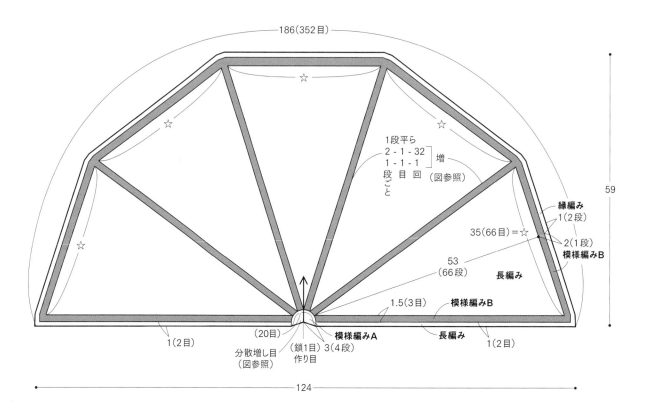

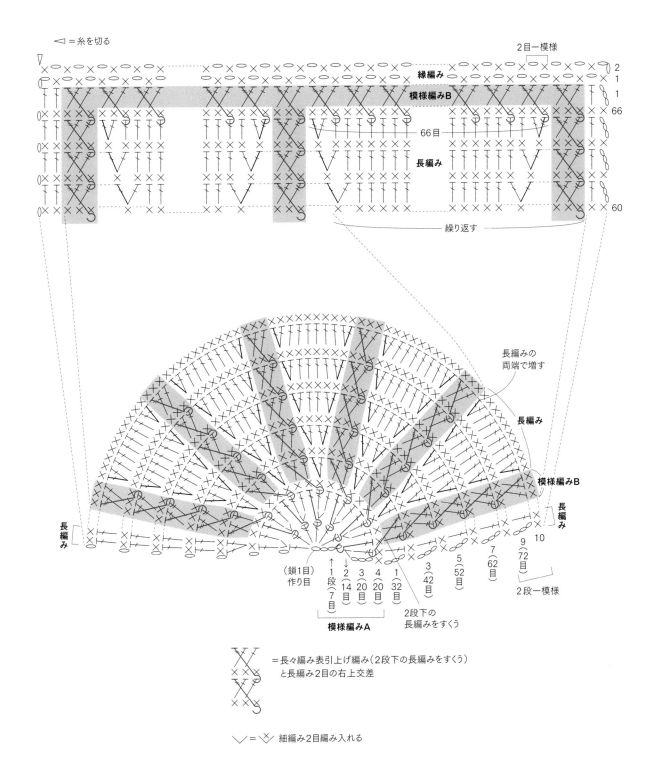

page » 26

ビーズブローチ

[糸]　パピー ブリティッシュファイン（25g玉巻き）
　　　　生成りと杢グレーのミックス（021）、
　　　　マスタード（065）、ブルー（062）各少々
[用具]　5/0号かぎ針、ビーズ通し（KAWAGUCHI）
[その他]　TOHO 丸大ビーズ
　　　　シルバー（B-21F）またはゴールド（B-22F）各32個
　　　　幅3cmのブローチピン各1個
[ゲージ]　長々編み　2段が2cm
[サイズ]　直径4cm
[編み方]　糸は1本どりで編みます。
ビーズ編みの編み方ポイントはp.31にあります。
ビーズは糸に必要数通しておきます。輪の作り目をして編み始めます。ビーズを編み込む位置で、1個ずつ引き寄せて編みます。糸端を20cmくらい残して切り、長編みの頭に糸を通して絞ります。裏にブローチピンを縫いつけます。

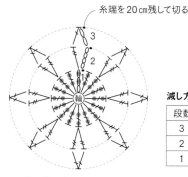

段数	目数	減し目
3	8	－8目
2	16	±0目
1	16	

※編み地の裏側を表に使用する

まとめ方

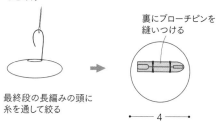

page » 25

2色ソックス

[糸]　ハマナカ アメリー（40g玉巻き）
　　　　カーキ（38）47g、ブルーグリーン（37）34g
[用具]　6/0号かぎ針
[ゲージ]　模様編み（縞）　8模様18段が10cm四方
[サイズ]　底丈21.5cm、足首回り20cm、長さ14.5cm
[編み方]　糸は1本どりで、指定の配色で編みます。
輪の作り目をして、つま先から編み始めます。長編みで増しながら3段編みます。甲・底を模様編み（縞）で増減なく編みます。かかとはブルーグリーンの糸を編みくるみながら、模様編みAで増減しながら編みます。続けて足首の模様編み（縞）を編み、さらに模様編みBを増減なく2段編みます。
同じものを2枚編みます。

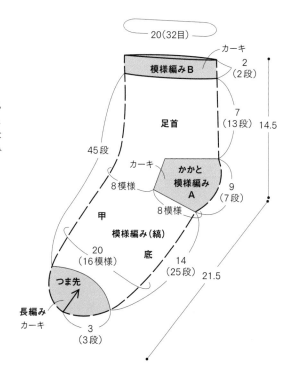

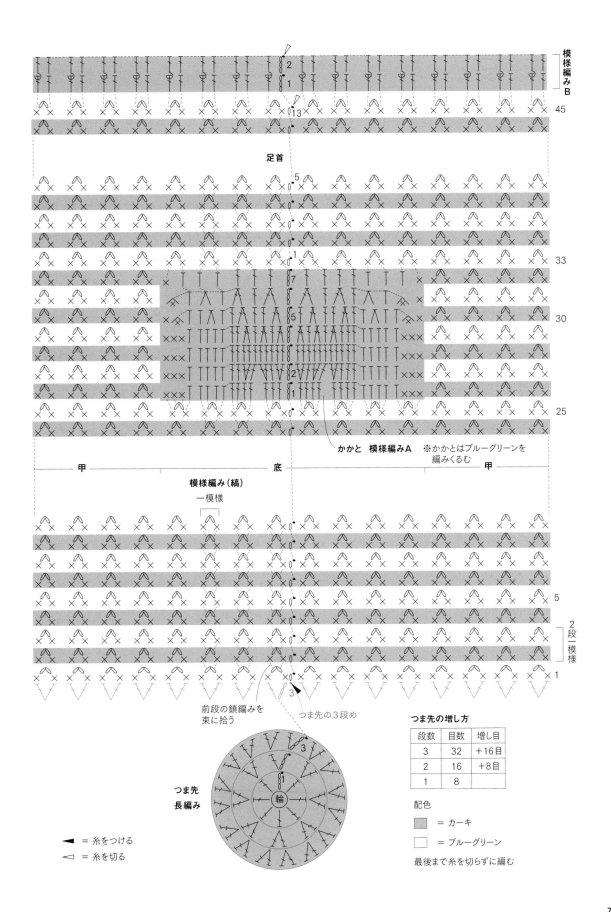

バブーシュ風スリッパ

- [糸] DARUMA ウールロービング（50g玉巻き） 紺（5）100g
- [用具] 10/0号かぎ針
- [その他] 直径2cm（紺）のボタンを4個
- [ゲージ] 細編み 12目13段が10cm四方
- [サイズ] つま先からかかとまで25.5cm、幅14cm

[編み方] 糸は1本どりで編みます。

輪の作り目をして、つま先から編み始めます。細編みで増しながら編みます。11～19段は増減なく編みます。20～22段めは、図のように細編みと鎖編み、引抜き編みで編みます。つま先から続けて底を編みますが、甲側を鎖編みの作り目で16目編み、残りの16目はつま先から拾って輪に編みます。鎖編みから拾う細編みは、鎖半目と裏山を拾って編みます。図のように減らしながら編みます。糸端を30cmくらい残して切り、細編みの頭に糸を通して絞ります。底を外表に二つ折りにして、作り目側を底にまつります。飾りベルトを編み、甲の指定位置に飾りベルトとボタンを重ねてつけます。
同じものを2枚編みます。

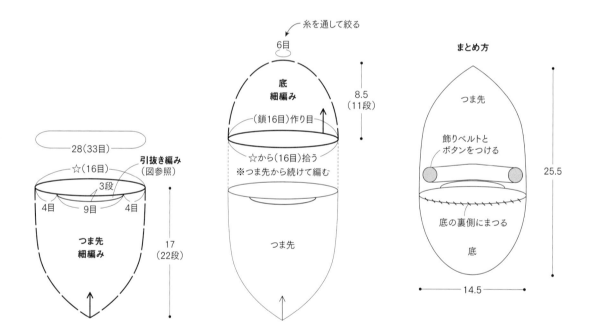

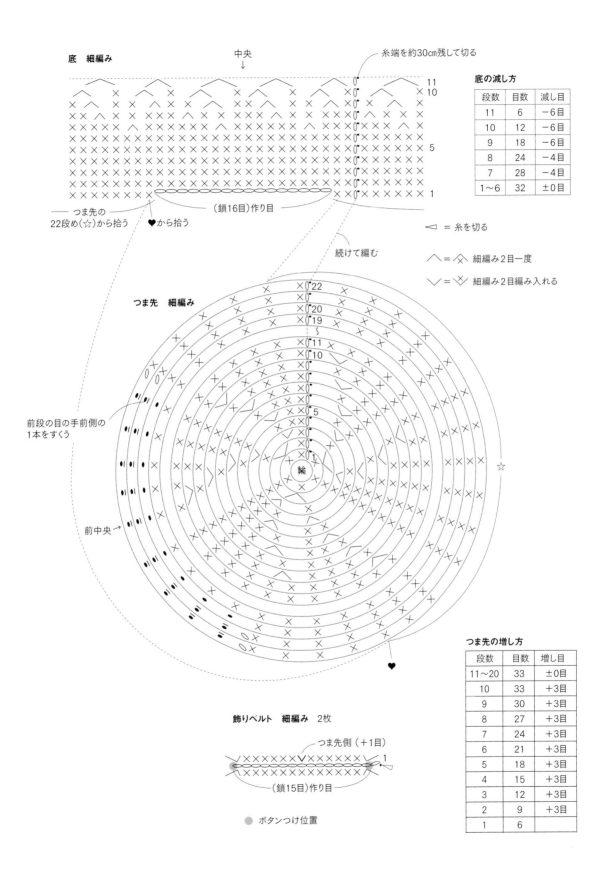

page » 29

ギンガムチェックの三角ストール

[糸]　ホルストガーン コースト[Holst Garn COAST]
　　　　（50ｇ玉巻き）　グレー(Dove)37ｇ、
　　　　濃いブルー(Marlin)28ｇ、アイボリー(Ecru)24ｇ、
　　　　ブルーグレー(Nimbus)16ｇ
[用具]　5/0号かぎ針
[ゲージ]　模様編み(縞)　26目12段が10㎝四方
[サイズ]　幅104.5㎝、長さ91㎝
[編み方]　糸は１本どりで、指定の配色で編みます。
グレーのみ約３ｇの糸を、あらかじめ別に巻き取っておきます。各色糸玉の外側と内側の糸端を引き出して使用します。糸玉どうしがからまないように気をつけながら編みます。
鎖編みの作り目をして編み始めます。１段めは鎖半目と裏山を拾って編みます。図のように増しながら模様編み(縞)で編みます。配色糸に替えるときは、手前の最後で引き抜くときに、指定の糸に替えます。手前の配色糸(編んできた糸)は、編み地の向う側におきます。糸は切らずに縦に渡して編みます。縦に渡る糸は、編み地の表面に出るため、たるんだり、つれないように注意しながら編みます。左上のグレー部分を編むときに、最初に巻き取っておいた糸玉をつけて編みます。

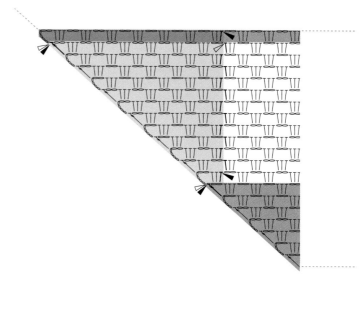

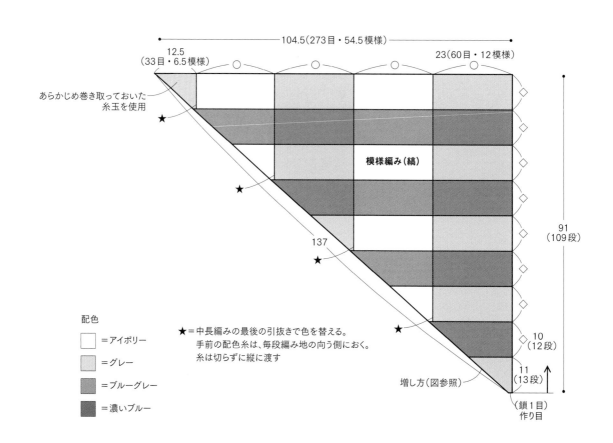

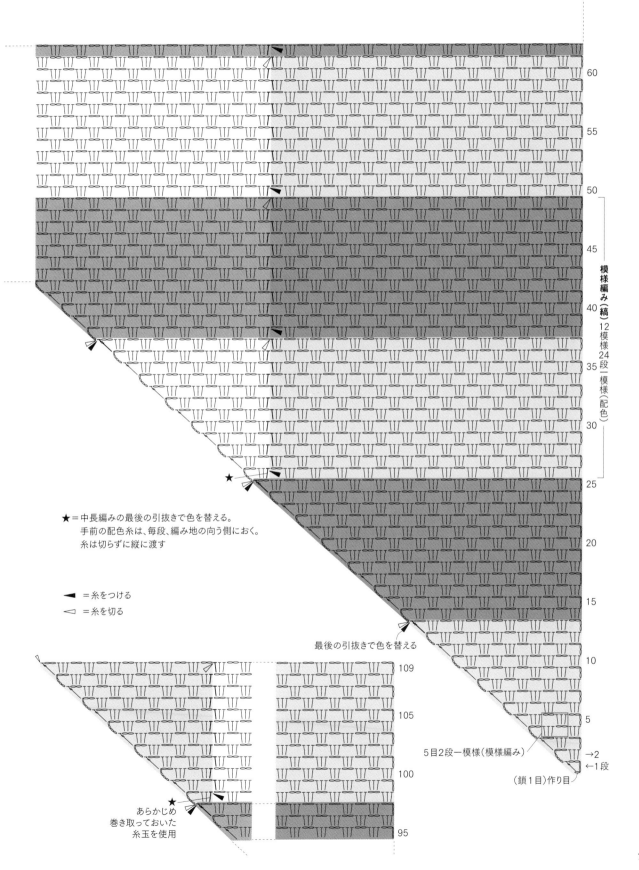

かぎ針編みの基礎

[糸の持ち方]

長いほうの糸を小指側にして、人さし指と小指にかけ、親指と中指で糸端から5〜6cmのところを押さえます

[針の持ち方]

針先から4cmくらいのところを親指と人さし指で軽く持ち、次に中指を針の上に添えます

[作り目]

編始めの方法

1 左手にかけた編み糸に針を内側から入れて糸をねじります

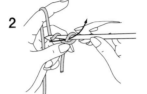

2 人さし指にかかっている糸を針にかけて引き出します

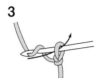

3 針に糸ををかけて引き出します

4 繰り返して必要目数編みます

5

鎖目からの拾い方

立上り鎖3目
台の目
鎖状になっているほうを下に向け、裏山に針を入れます

A 裏山を拾う

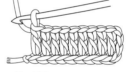

下側に鎖状の目がきれいに並びます

B 半目と裏山を拾う

2重の輪の作り目

1 指に2回巻きます

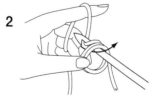

2 糸端を手前にして輪の中から糸を引き出します

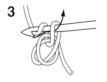

3 1目編みます。この目は立上りの目の数に入れます

4

輪の作り目に細編みを編み入れる

1 輪の作り目をして鎖1目で立ち上がり、輪の中に針を入れて細編みを必要目数編みます

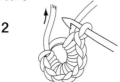

2 1段めを編み入れたら糸端を少し引っ張り、小さくなったほうの輪を引いてさらに糸端を引き、輪を引き締めます

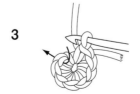

3 最初の目の頭2本に針を入れて糸をかけて引き抜きます

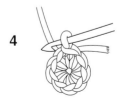

4 1段めが編めたところ

[編み目記号と編み方]

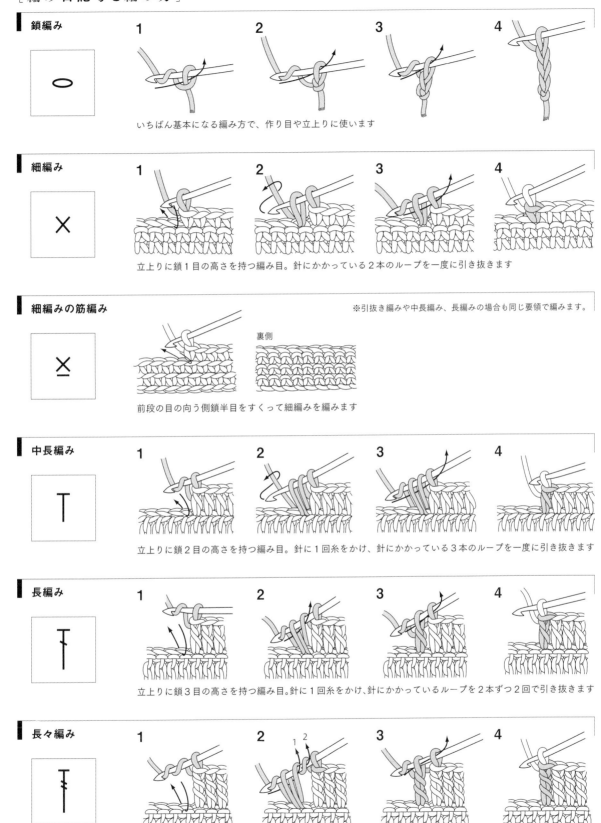

| 引抜き編み | | 1  | 2 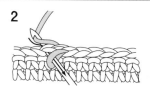 | 3  |

前段の編み目の頭に針を入れ、糸をかけて一度に引き抜きます

細編み2目編み入れる

※目数が異なる場合も同じ要領で編みます。

1 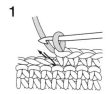 2 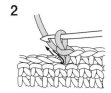 3 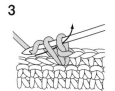 4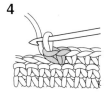

前段の1目に細編み2目編み入れ、1目増します

長編み2目編み入れる

※目数が異なる場合や、中長編み、引上げ編みの場合も同じ要領で編みます。

1 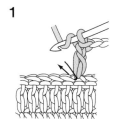 2 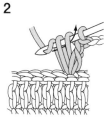 3 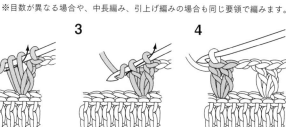 4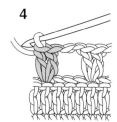

前段の1目に長編み2目編み入れ、1目増します

細編み2目一度

長編み2目一度は p.36にあります

※目数が異なる場合も同じ要領で編みます。

1 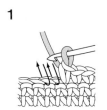 2  3 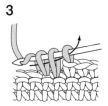 4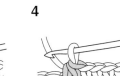

糸を引き出しただけの未完成の2目を、針に糸をかけて一度に引き抜きます。1目減ります

長編み1目交差

1 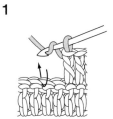 2 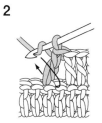 3 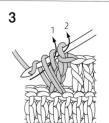 4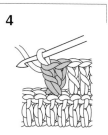

1目とばして長編みを編み、次に1目手前に針を入れて糸を引き出し、長編みを編みます

長編み3目の玉編み

※目数が異なる場合や、中長編みの場合も同じ要領で編みます。

1 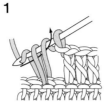　**2** 　**3** 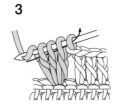　**4**

未完成の長編み3目を一度に引き抜きます

長編みの表引上げ編み

※細編み、中長編み、長々編みの場合も同じ要領で編みます。

1 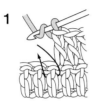　**2** 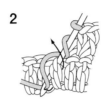　**3**

前段の柱を手前側からすくい、長めに糸を引き出して長編みと同じ要領で編みます。
往復編みで裏側を見ながら編むときは、長編みの裏引上げ編みになります

長編みの裏引上げ編み

※中長編みの場合も同じ要領で編みます。

1 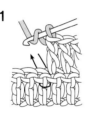　**2** 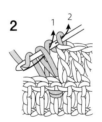　**3**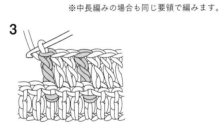

前段の柱を裏側からすくい、長めに糸を引き出して長編みと同じ要領で編みます。
往復編みで裏側を見ながら編むときは、長編みの表引上げ編みになります

［はぎ方］

巻きかがりはぎ

1 　**2** 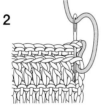　**3**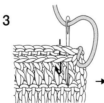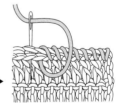

2枚の編み地を外表に合わせ、鎖目の頭を2本ずつすくってはぎ合わせます

引抜きはぎ

1 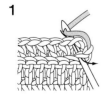　**2** 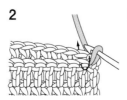　**3**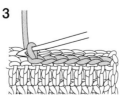

2枚の編み地を中表に合わせ、鎖目の頭を2本ずつ拾って引抜き編みを編みます

根もとがついている場合

前段の1目に全部の目を編み入れます。前段が鎖編みのときは、鎖目の1本と裏山をすくって編みます

根もとがついていない場合

前段が鎖編みのとき、一般的には鎖編みを全部すくって編みます。束（そく）にすくうといいます

デザイン・製作・文

Ronique ［ロニーク］ 福島令子

札幌出身。法政大学法学部卒業。小さいころから母が好きな棒針編みや手芸に親しみながら育つ。子育てを機にかぎ針編みの独習を始める。現在は編み物書へのレシピ提供や、不定期オープンの編み図、キットのオンラインショップ「Ronique」の運営を中心として活動中。手間を省いたパターンと、普段使いしやすいデザインを目指している。著書『冬のかぎ針あみこもの』『夏のかぎ針あみこもの』（文化出版局）
http://www.ronique.net

ブックデザイン	knoma
撮影	清水奈緒（カバー・口絵）
	安田如水（プロセス・文化出版局）
スタイリング	長坂磨莉
ヘア＆メークアップ	上川タカエ
モデル	ANGIE　メイ
トレース（基礎）	day studio　大楽里美
協力	林 久仁子
校閲	向井雅子
編集	小林奈緒子
	三角紗綾子（文化出版局）

［素材提供］
・ダイドーフォワード（パピー）　http://www.puppyarn.com/　tel.03-3257-7135
・ハマナカ（ハマナカ）　http://hamanaka.co.jp/　tel.075-463-5151
・元廣（スキー毛糸）　http://www.skiyarn.com/　tel.03-3663-2151
・横田（DARUMA）　http://www.daruma-ito.co.jp　tel.06-6251-2183

［用具提供］
・クロバー　http://www.clover.co.jp/　tel.06-6978-2277（お客様係）

［海外毛糸の入手先（イサガー、ホルストガーン）］
・presse（プレッセ）　http://www.momentsdepresse.com/　tel.011-215-7981

［衣装協力］
・alpha PR　tel.03-5413-3546
　p.10・11スウェットワンピース、p.12・22・23ニット（niuhans）、
　p.8・9スニーカー（niuhans×NOVESTA）
・Bshop　tel.03-5775-3266
　p.8・9・16・17カットソー（Gymphlex）
・OLDMAN'S TAILOR　tel.0555-22-8040
　p.6・7ニット、p.8・9スカート、カバー・p.14ニット、
　p.18コート、p.21シャツ（R&D.M.Co-）

［撮影協力］
・サンゲツ　www.sangetsu.co.jp/
　（壁紙：2017-2019 ファイン1000　FE-1397）
・AWABEES
・TITLES

かぎ針あみの冬ごもり

2018年10月15日　第1刷発行

著　者	Ronique［ロニーク］
発行者	大沼 淳
発行所	学校法人文化学園　文化出版局
	〒151-8524　東京都渋谷区代々木3-22-1
	tel.03-3299-2487（編集）　tel.03-3299-2540（営業）
印刷・製本所	株式会社文化カラー印刷

©Reiko Fukushima 2018 Printed in Japan
本書の写真、カット及び内容の無断転載を禁じます。

・本書のコピー、スキャン、デジタル化等の無断複製は著作権法上での例外を除き禁じられています。
　本書を代行業者等の第三者に依頼してスキャンやデジタル化することは、たとえ個人や家庭内での利用でも著作権法違反になります。
・本書で紹介した作品の全部または一部を商品化、複製頒布、及びコンクールなどの応募作品として出品することは禁じられています。
・撮影状況や印刷により、作品の色は実物と多少異なる場合があります。ご了承ください。

文化出版局のホームページ　http://books.bunka.ac.jp/